CW00547335

Di Seramb

On The Verandah

The folk-art carvings featured in this book cover the exterior walls of houses in the Toraja region with colour—black, white, red and yellow—the natural colours used also in traditional batik designs. Every flat surface is carved and painted with geometric patterns of knots, mazes and stars, and elegant arches symbolising interlinked buffalo horns. The buildings have double-browed roofs, with two great peaks at either end, resembling the lines of a ship. The Batak people also build houses with this shape, and similar styles of architecture and decoration can be seen in communities throughout Southeast Asia.

Di Serambi

On the Verandah

A Bilingual Anthology of Modern Indonesian Poetry

EDITED AND TRANSLATED BY
IEM BROWN AND JOAN DAVIS

CAMBRIDGE
UNIVERSITY PRESS

DAMAGED

Published by the Press Syndicate of the University of Cambridge
The Pitt Building, Trumpington Street, Cambridge CB2 1RP, UK
40 West 20th Street, New York, NY 10011–4211, USA
10 Stamford Road, Oakleigh, Melbourne 3166, Australia

This collection © Cambridge University Press 1995
First published 1995

The production of this book was assisted by a publication
grant from the Australia Indonesia Institute

Printed in Hong Kong by Colorcraft

National Library of Australia cataloguing-in-publication data

Di serambi = On the verandah: a bilingual anthology of modern
Indonesian poetry.
Bibliography.
1. Indonesian poetry – 20th century. 2. Indonesian
poetry – Translations into English. 3. English poetry –
Transaltions from Indonesian. 4. Indonesian language –
Style. I. Brown, Iem. II. Davis, Joan. III. Title:
On the verandah.
899.2211208

Library of Congress cataloguing-in-publication data

Di serambi = On the verandah: a bilingual anthology of modern
Indonesian poetry/edited and translated by Iem Brown and
Joan Davis
1. Indonesian poetry – 20th century. 2. Indonesian poetry –
Translations into English. 3. English poetry – Translations from
Indonesian. 4. Indonesian language – Style. I. Brown, Iem.
II. Davis, Joan. III. Title: On the verandah.
PL5086.D56 1995
899' .2211208–dc20   94 – 43047
                                                               CIP

A catalogue record for this book is available from the British Library.

ISBN 0 521 47202 4 Hardback
ISBN 0 521 47714 X Paperback

DAMAGED

Contents : Daftar Isi

Acknowledgments : Ucapan Terima Kasih

We express sincere thanks to the writers represented in this anthology: they gave generously of their time in interviews and discussions during our research visit to Java and Bali. The kindness of our hosts and their families during our travels is remembered with gratitude—Mr David Hardy in Bali, Dr Yohandoyo in Malang, Dr Loekman Soetrisno in Yogyakarta and Pak Suhardi Budianto in Jakarta. With true Indonesian courtesy, each contributed much to further our understanding of Indonesian life and culture.

Thanks are due also to Dr Jennifer Lindsay, at that time the Australian Cultural Counsellor in Jakarta, for her support and encouragement, and to Elaine McKay, Director of the Australia Indonesia Institute. Our journey, the translation work and the production of this book all received financial assistance from the Institute, a division of Australia's Department of Foreign Affairs and Trade. Their encouragement indicates a recognition of the worth of cultural exchange.

Our thanks for valued support are extended to Professor David Lim, Dean of the Division of Asian and International Studies at Griffith University; to Professor Keith Sinclair, Head of the Department of Modern Languages (now retired) and Professor Anthony Hassall, Head of the Department of English, both at the James Cook University of North Queensland; and to Dr Maria Flutch, Head of the Department of Modern Languages at the University of Tasmania. Thanks also to colleagues who sustained, criticised, and advanced the project. Very special thanks go to Yvonne Mullins of the Department of Modern Languages at the James Cook University, for typing and patience.

The compilers would like to thank the poets for permission to use their work, and to acknowledge the following publications, in which some of the poems have appeared:

Balai Pustaka, Jakarta, *Mata Pisau* 1982 'Berjalan ke Barat Waktu Pagi Hari' (Sapardi Djoko Damono); *Mimpi dan Pretensi* 1982 'Suatu Departemen' (Toeti Heraty); *Simfoni Dua* 1990 'Aku Tidak Bisa Menulis Puisi Lagi', 'Lamunan Aborijin', 'Soneta Laut', 'Motif IV' (Subagio Sastrowardoyo)

BIRPEN K.A.M.I. Pusat, Jakarta, *Tirani* 1966 'Percakapan
Angkasa', 'Seorang Tukang Rambutan Pada Isterinya' (Taufiq
Ismail)

Budaya Djaja, Jakarta, *Sadjak Ladang Jagung* 1973 '1946: Larut
Malam Suara Sebuah Truk' (Taufiq Ismail)

Gramedia, Jakarta, *Tonggak* 2 1987 'Penyair', 'Sajak Orang
Gila', 'Benih' (Sapardi Djoko Damono); 'Ubud', 'Kasus' (Isma
Sawitri); 'Dari Suatu Perpisahan', 'Yang Hidup Kembali'
(Ayatrohaedi); *Tonggak* 3 1987 'Suami' (Goenawan
Mohamad)

Horison, Jakarta, no. 24 'Post-Scriptum', 'Lukisan Wanita 1938'
(Toeti Heraty)

Listibya K.B., Singaraja, *Kaki Langit* 1984 'biarkan hujan
turun', 'Detik' (Sunaryono Basuki KS)

Nusa Indah, Flores, *Kembang Tunjung* 1988 'Sydney',
'Borobudur', 'Ibunda' (Linus Suryadi AG)

Pustaka Firdaus, Jakarta, *Cahaya Maha Cahaya* 1991 'Satu
Kekasihku', 'Kau Pandang Aku' (Emha Ainun Nadjib)

Pustaka Jaya, Jakarta, *Laut Biru, Langit Biru* 1977 'Wanita',
'Cintaku Tiga' (Toeti Heraty); 'Di Kebun Binatang'
(Ayatrohaedi); 'Dingin Tak Tercatat' (Goenawan Mohamad);
'Suluk Awang-Uwung' (Kuntowijoyo); 'Lagu Orang
Keracunan' (Linus Suryadi AG); 'Kubakar Cintaku', 'Akan ke
Manakah Angin', 'Tidak Bisa Kaubiarkan Matahari' (Emha
Ainun Nadjib)

Yayasan Al-Muhammady, Jombang, *Syair Lautan Jilbab* 1989
'Berperan di Bumi' (Emha Ainun Nadjib)

Yayasan Jantera, Denpasar, *Hram* 1988 'Upacara Pulang ke
Asal' (Adhy Ryadi).

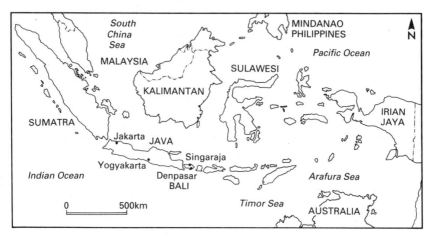

Overview of Indonesia

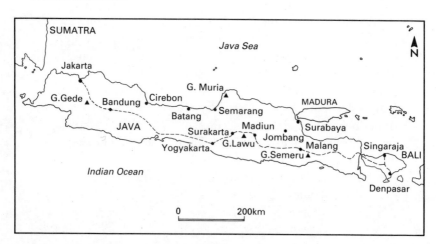

Java and Bali, showing the route of the authors' journey

Introduction and Translators' Note : Kata Pendahuluan dan Catatan Penerjemah

Twelve contemporary Indonesian authors talked with us about their poetry. Not all of them are well known or widely published outside their own country. The work was chosen so that the anthology as a whole might engage readers in dialogue with an Asian culture, and the aim was to invite poets and readers to participate in this literary forum. Most of the authors have achievements in several artistic fields and have served with the Dewan Kesenian Jakarta (DKJ), the Council for the Arts in Jakarta.

The Indonesian texts offer a range of chronological, thematic and stylistic perspectives on modern Indonesian poetry. The translations offer involvement with an Indonesian language. They also reflect English literary culture in the forms of expression used to represent moods and subtleties in each author's work, and we have tried to keep faith with the rhythms and music of English poetry in rendering each piece.

The poets are presented in chronological order of their birth. Current photographs complement brief biographical and critical sketches, and have been provided by the poets, or were taken at interviews during our research visit to Java and Bali.

Talking with Poets

From Denpasar to Singaraja we travelled past Hindu shrines and temples, through postcard views of wet rice fields and forests, to encounter the 'Bali Poets', represented by Sunaryono Basuki KS and Adhy Ryadi. The 'Poets' are loosely organised circles of young Bali-based writers and students, whose work is characterised by energy and a willingness to experiment with form. Their common aim is to move beyond regional cultures to develop Indonesian and international voices.

In Yogyakarta, a centre of Javanese cultural heritage, we met Linus Suryadi AG, Kuntowijoyo and Emha Ainun Nadjib. All are renowned poets who have wider interests in the arts. Linus has edited a comprehensive anthology of modern Indonesian poetry; Kuntowijoyo, a historian, draws upon Indonesian cultural history in his writing; and Emha sees poetry as one aspect of his commitment to the Islamic community in Indonesia.

At the University of Indonesia in Jakarta, we met with Sapardi Djoko Damono and Ayatrohaedi. Sapardi's achievements include co-editing and translating, with the late R. F. Brissenden, an anthology of work by leading Australian poets, *Mendorong Jack Kuntikunti* (1991). Ayatrohaedi's poems can be ironic beneath their apparent calm.

The other poets featured in this volume also live in Jakarta, and most follow professions in education, the news media or publishing. Subagio Sastrowardoyo is a director of Balai Pustaka, Toeti Heraty lectures at the University of Indonesia, and Goenawan Mohamad was the editor of *Tempo*, where Isma Sawitri also worked as a journalist, until the journal was banned in June 1994. Taufiq Ismail works with a private company.

In interviews the authors commented on Indonesian literature, and invited our observations. The poets generally approved of the variety of styles developed in contemporary work. Some of the poets established their careers with experimental work, considered a signature of elite community groups of writers, but broadened their outlook as their writing developed. Following Rendra's international success as a modern poet in the 1960s, the work of younger poets (Sutardji Calzoum Bachri was mentioned, for example) first became popular and then became established within literary culture.

We asked the poets about a pervasive Sufi influence which surfaces often as an energy in protest pieces. This is apparent in the work of Emha Ainun Nadjib, for instance. Most of the speakers felt that religious mysticism has always been a facet of the diverse Indonesian heritage and is an organic part of literary culture. Modern Indonesian poets continue to explore an Indonesian nationality through common themes such as the belief in universal values and a quest for truth through religion. These themes appear in many of the poems selected.

One form of poetry popular in the city and in regional areas in Indonesia is public performance which involves the audience. This may happen at the *pasar* (the local market), or in a hall, or at Taman Ismail Marzuki (TIM), the major cultural complex in Jakarta, which opened in 1968. Poetry read in declamatory style is an integral part of the culture, familiarised as a classroom activity from primary school upwards. Sapardi Djoko Damono, for instance, trained readers in the declamatory style when he was a young poet in Yogya.

Indonesians are generally bilingual, having a regional language as their mother tongue and Indonesian as a second language. The declamatory style is well suited to repetition, paraphrasing and insertions from the regional vocabulary, dramatic use of magico-mystic word patterns such as the mantra, and visual on-stage pacing of the text to excite and intrigue listeners. As you read the poets, hear them.

In this anthology, bilingual access to the poems serves readers with a general interest in Asian studies as well as students learning Indonesian. The translations, in addition, will interest readers and students who have an Asian heritage.

Annotations and cultural references have been kept to a minimum, and are included as footnotes on the English language pages. Regional references in the Indonesian texts have not generally been identified as such: this material requires detailed linguistic study. Readers are encouraged to enjoy the flow and richness of both languages without too many diversions.

Selecting the poems for this anthology has been a difficult choice from a rich array of achievement in the field of contemporary Indonesian poetry.

Joan Davis and Iem Brown

SUBAGIO
SASTROWARDOYO

BORN 1924

Selected list of publications:

Simphoni 1957

Daerah Perbatasan 1970

Keroncong Motinggo 1975

Buku Harian 1979
    reprinted as *Hari dan Hara* 1982

Simfoni Dua 1990

Subagio Sastrowardoyo, a senior staff member of Balai Pustaka, is engaged in publishing and the international world of literature.

Subagio, who comes from Madiun in East Java, is a graduate of Gadjah Mada University and has studied at Yale. Subagio has taught at Padjadjaran and at Gadjah Mada Universities and lectured for many years at Salisbury College of Advanced Education and at Flinders University, both in Adelaide, South Australia.

Recognised as a distinguished man of letters, Subagio is well known as a poet and writer of short stories, essays and criticism. His work has appeared in English, French, Japanese, Dutch, German and Russian translations.

Subagio was involved in the performing arts early in his career, and his writing asserts the power of the arts to arouse and preserve society's positive values. Subagio's recent work achieves this by using his concern with localised issues to move beyond negativity and focus on global questions, most often as a challenge to injustice. Subagio has a contemporary approach to poetry. His poems are characterised by keenly observed settings and a deceptive simplicity, as in contrasting pieces 'I Can Write Poetry No Longer' and 'Aboriginal Dreaming'.

Subagio has won many awards for his writing, including his latest collection of poems, *Simfoni Dua*. The poems presented here are from this collection.

AKU TIDAK BISA MENULIS PUISI LAGI

Aku tidak bisa menulis puisi lagi
sejak di Nazi Jerman berjuta Yahudi
dilempar ke kamar gas sehingga
lemas mati.
Aku tidak bisa menulis puisi lagi
sejak di Afrika Selatan pejoang-pejoang
anti-apartheid disekap berpuluh tahun
tanpa diadili.
Aku tidak bisa menulis puisi lagi
sejak di Birma para pengunjuk rasa
bergelimpangan dibedili tentara
secara keji.
Aku tidak bisa menulis puisi lagi
sejak di Jalur Gaza serdadu-serdadu Israel
mematahkan lengan anak-anak Palestina
yang melawan dengan batu.
Keindahan punah dari bumi
ketika becak-becak dicemplungkan
ke laut karena bang becak melanggar
peraturan DKI

$\mathcal{I}$ Can Write Poetry No Longer

I can write no longer
since the Nazis threw millions of Jews
into gas chambers
to choke them to death.
I can write no longer
since in South Africa
anti-apartheid fighters were locked up
for decades without trial.
I can write no longer
since in Burma
protesters sprawled on the ground
when shot cruelly by soldiers.
I can write no longer
since in the Gaza Strip Israeli soldiers
broke the arms of Palestinian children
who resisted them with stones.
Beauty is extinct on earth
when becaks are dumped in the sea
because drivers transgress the traffic rules
of municipal fathers[1]

---

1 *DKI—Daerah Khusus Ibukota*, a special district of the
 capital city. Becaks (three-wheeled, pedal-operated taxis)
 are now banned from operating in Jakarta. The ban was
 imposed to improve traffic flow, but becak drivers lost
 their livelihoods.

ketika rakyat berbondong-bondong
digusur dari kampung halamannya
yang akan disulap jadi real estate
dan pusat rekreasi
ketika petani dipaksa tanam tebu
buat pabrik-pabrik, sedang hasil
padi dan kedelai lebih mendatangkan
untung dari rugi
ketika truk-truk di jalan raya dicegat
penegak hukum yang langsung meminta pungli
ketika keluarga tetangga menangisi kematian
anaknya korban tabrak lari.
Aku tidak bisa menulis puisi lagi
sejak keindahan punah dari bumi.

when people in great numbers are dragged
from their kampong yards[2]
which are transformed into real estate
and recreation centres
when farmers are forced to plant cane[3]
for the mills,
whereas rice and soy beans
bring more profit than loss
when trucks on highways are flagged down
by officers of the law who ask outright for bribes
when the neighbour's family mourns the death
of their child victim of a hit-and-run.
I can write poetry no longer
since beauty is extinct on earth.

2 *kampung*—A village birthplace; or a working-class
   residential area within a city.
3 *tebu*—Sugar cane.

L'amunan Aborijin

Masa lalu adalah panas terik di padang
pasir dan berkelana di zaman mimpi tak bertepi.
Masa kini adalah berkeliaran di pinggir
kota dan melupakan diri dalam bir dan wiski.
Masa depan adalah malam yang panjang
tanpa setitik cahaya di langit kelam.
Tak ada harapan.
Aku tak berani lagi menepuk dada
dan menunjuk diri: inilah aku!
Seperti hantu aku menyelinap di semak
belukar dan menari dekat api upacara.
Aku melepaskan dendam di buluh perindu.
Ular keramat menggeliat di bukit karang.
Kisah pemberontakannya kugurat di kulit kayu.
Aku bakal merdeka di tanah moyang.

ABORIGINAL DREAMING

The past blazes hot in the desert
and wanders in Dreamtime without boundaries.
The present roams the fringe of the city
and forgets itself in beer and whiskey.
The future is long night
without a speck of light in the overcast sky.
There is no hope.
I am no longer brave enough to beat my breast
and prove myself: this is me!
Like a ghost I slide into the bush
and dance by the ritual fire.
I free vengeance with the didgeridoo.[1]
On the limestone hill the sacred snake stretches after sleep.
On bark I scratch the story of rebellion.
I will be free in the land of my ancestors.

1 *buluh perindu*—A mythical bamboo flute. In the Australian
   Aboriginal context this suggests the didgeridoo.

Soneta Laut

Laut, di mana mata airmu
supaya aku bisa kembali ke asalmu
Laut, di mana mata anginmu
supaya aku bisa mengikuti arusmu

Jika kehadiran tak membekas
di pasir sedang keharuan
begitu dalam mengukir

Jika alamat tak menjamin
datangnya surat ditunggu
sedang dari jauh terdengar
sayup kepak-kepak rindu

Aku ingin sendiri dengan laut
di mana kulontarkan cinta kelam
tenggelam dalam gelombang surut

Sea Sonnet

Sea, where is your source
so that I can return to your origins
Sea, where are your bearings
so that I can follow your stream

When being does not leave prints
in the sand yet emotion
is so deeply engraved

When an address cannot guarantee
the arrival of a longed-for letter
yet from afar can be heard
the faint flutter of longing

I want to be alone with the sea
where I throw my dark love
to sink in receding waves

MOTIF IV

Aku ingin beli Walkman
atau radio kecil yang cukup
keras bunyinya. Asal bisa
kutenteng ke mana aku pergi.
Aku butuhkan bunyi selalu
entah gedebug musik atau
omongan orang. Sebaiknya
pidato yang hingar bingar
atau rock yang memekakkan
telinga. Aku mabuk dalam bising.
Biar terus gaduh dunia, sebab
aku takut kepada sunyi.
Aku takut kepada suara hati.
Tuhan, kapan engkau bakal mati?

*M*OTIF IV

I want to buy a Walkman
or a small radio with enough
loud noise. As long as I can
carry it in my hand wherever I go.
I need noise all the time
whether it's the beat of music
or the buzz of people. It's better to have
rowdy speeches
or rock which pierces
the ear. I am drunk with noise.
Let the world be rowdy, because
I am afraid of quiet.
I am afraid of the inner voice.
Lord, when will you be dead?

JOETI
HERATY

BORN 1933

Selected list of publications:

Dunia Nyata 1966–69

Sajak-Sajak 33 1973

Seserpih Pinang Sepucuk Sirih (ed.) 1979

Mimpi dan Pretensi 1982

Manifestasi Puisi Indonesia-Belanda
  (ed., with A. Teeuw) 1986

Toeti Heraty is Indonesia's most anthologised woman poet, and her poems and essays have appeared in English, Dutch, French and Japanese translations. As an editor and compiler, Toeti promotes creative work by Indonesian women writers and artists, for example in bilingual anthologies such as *Seserpih Pinang Sepucuk Sirih* (1979), translated into English by John H. McGlynn. Toeti is the only woman poet included in *Manifestasi Puisi Indonesia-Belanda* (Indonesian and Dutch poets and texts) which she edited with A. Teeuw. Toeti has chaired the DKJ, and maintains an interest in many artistic spheres, which she explores internationally as an ardent world traveller.

Toeti comes from Bandung. She began studies in medicine in Jakarta, changed direction to graduate in psychology, and then gained a doctorate in philosophy. Toeti has studied in America, and now lectures in philosophy at the University of Indonesia.

Reading Dutch poetry, and the influence of literary figures such as H. B. Yassin, Rendra and Subagio Sastrowardoyo, formed the foundations of Toeti's literary career. An astute observer of humanity and of womankind in particular, Toeti's poetic voice explores emotional involvement from a woman's personal perspective within society. Toeti feels that women choose to conceal their views, a form of self- and social-censorship which she uses to endow her images with hidden meaning. The tone of her work is ironic yet caring, and seldom judgmental—life's canvas is broad enough to include compassionate comment.

Many of Toeti's pieces are autobiographical, as in 'Lukisan Wanita 1938' selected for this volume.

Suatu Departemen

Untuk Rien

kau katakan padaku
pesan terakhir:
>   bawakan keindahan dan
>   kemudaan selalu

ruang menyesak, karena
keusangan debu membiak
map-map, berkas dan kertas dengan
ujung-ujung layu dan harapan-harapan
telah ditumpuk, diperam
>   membisu dalam debu

gairah, semula menggetar
bangunkan nyala-nyala jingga pada
hidup yang hijau muda,
jadi coretan-coretan
secarik kertas dengan ketikan permohonan
>   yang dibiarkan saja

jendela terbuka dan tirai menyisi
lewatkan matahari menghangati
jam-jam kerja yang semakin pendek
disobek sana-sini—karena
meja-meja lengang, asbak mengkilat
dan telpon berdering berkali-kali
suara hilang dalam iseng
>   yang berlipat ganda ini

The Department

For Rien

the last order
you gave to me:
    stay beautiful
    and always young

the room is oppressive,
piles of dry dust
on folders, files and papers
with dog-eared corners, and hopes
already hoarded, locked up
    mute in dust

ambition, in the first trembling
rises as orange flames
to pale green life,
becomes scribbles
on a piece of paper with typed requests
    which are set aside

window opened and curtains pushed aside
let the sun's heat warm
the working hours, which become shorter
torn here and there—because
tables are deserted, ashtrays glitter
the phone rings and rings
voice lost in idleness
    which multiplies

ah, manusia hidup kukuh tenang
dengan akar dalam-dalam mencekam bumi
 dan rapat-rapat, seminar, laporan
 serta prasaran, naskah-naskah kerja
 wejangan oleh bapak-bapak atau wakilnya?

hidup manusia terlalu membara
dan tanpa isyarat akan menganggap sepi
tumpukan debu yang berkumandang
 menyentuh anak-anak penjual koran
 di depan pintu, mobil-mobil dinas
 berderetan datang dan lalu

memang,
jauh dari hidup
dan pesan akhirmu

ah, mankind lives by calm strength
with roots so deep to seize the earth
    and meetings, seminars, reports
    with working papers, texts
    advice from bosses or their deputies?

man's life is too much aflame
and without a sign will ignore
the piling dust which echoes
    touches paper boys
    at the main entrance, a row
    of official cars coming and going

indeed,
far from life
and your last appeal

WANITA

Untuk Ajeng

hari ini minggu pagi kulihat tiga wanita tadi
berjalan lambat karena kainnya kain berwiru
meninggalkan rumah depan menuju jalan
terlentang antara pohon palma berderetan

jari hati-hati memegang wiru kataku
sedangkan tangan lincah mengelus rambut rapi
kenakalan kerikil menggoyahkan tumit selop tinggi
belum lagi angin melambaikan selendang warna-warni

menengok ke kiri ke kanan mereka berhenti gelisah
karena kain berwiru dan bertumit tinggi, rambut
terbelai angin dan panas matahari—becak lalu—
mereka segera musyawarah suaranya tinggi

nada-nada tinggi tawar-menawar rupanya dimulai
entah mengapa kasak-kusuk terhenti, ternyata—
bung becak mengayunkan kakinya lagi dan mereka
asyik dan riang akhirnya tidak tampak olehku lagi

meninggalkan halaman depan agaknya mencari rindang
deretan pohon sepanjang jalan, asyik dan riang
gerak, warna, irama rapi membawa kesungguhan
arisan pada minggu pagi ini—

*W*OMAN

For Ajeng

today, Sunday morning, I see three women
walk slowly because of their pleated kain[1]
leave the house and go towards the street
a straight line among rows of palm trees

cautious fingers keep pleats in place
while lively hands stroke neat hair
wanton gravel upsets high-heeled sandals
and what of the wind fluttering many coloured selendang[2]

they look to left, to right, they stand and fidget
because of pleated kain and high heels, hair
caressed by wind and hot sun—a becak passes
—quickly they chatter, voices high

apparently high pitched tones of bargaining begin
who knows why the chattering ceases—
the becak driver pedals away again
and they are busy, light-hearted, till I can no longer see them

probably they leave the front yard to seek the shade
of trees along the street, busy and light-hearted
movement, colour, neat rhythm take their reality
to the arisan[3] this Sunday morning—

1   *kain*—Skirt: part of traditional dress.
2   *selendang*—Broad scarf.
3   *arisan*—A regular social gathering at which participants contribute to an
    aggregate sum of money which is then distributed by a lottery.

wanita . . .

berapalah kemesraan sepanjang umur
tiada berlimpah tiada mencukupi
karena kau dengan tak acuh, tidak peduli
membawa pilu yang tak tersembuhkan dan
tak kausadari, tak kausadari

woman . . .

how much intimacy between you all your lives
does not flow, does not sustain
because you don't care, you are indifferent
to bearing this incurable grief
and do not realise it, you never know

Cintaku Tiga

cintaku tiga, secara kanak-kanak
    menghitung jari
kusebut satu per satu kini
yang pertama serius dan dalam hatinya
    tidak terduga
bertahun-tahun ku jadi idaman
mesraku membuat pandangnya sayu mungkin
    ia merasa iba padaku
ingin aku membenam diri, melebur
    dalam mesra rayu, iba dan sayu
pandangnya yang begitu sepi, tapi
ia paling mudah untuk dikelabui—

yang lain, berfilsafat ringan dan kesabaran
tak pernah kulepas ia dari pandangan
petuah orang—*lidah tidak bertulang*—
    tak kupedulikan karena ia
kata-katanya tepat untuk setiap peristiwa
sesudah akhirnya mengecap bibirnya
    ia tinggalkan aku dan sesudah itu?
ah, biasa saja, tak ada sesuatu terjadi
memang ia tidak begitu peduli—

perlu pula kusebut yang ketiga, bukannya
    lebih baik dirahasiakan saja, karena
ia datang hanya malam hari, engsel pintu pun
    telah diminyaki
suaranya tegang, berat, menghela
    ke sorga tirai-ranjang
pandang pesona tajam memaksa, akhirnya
    menghitung hari setiap bulan
meskipun itu urusan nanti
ketiga cinta yang aku miliki
    kapan kujumpai pada satu orang?

My Three Loves

I have three loves, like children
    counting on their fingers
now I name them one by one
the first is serious and the depths of his heart
    cannot be plumbed
for years I've been his idol
my tenderness makes him melancholy
    or is it compassion he feels for me
I want to submerge, to dissolve the tender appeal
    moving and melancholy
in his quiet gaze, but
he is the easiest to deceive—

the next one, with his charm and patience
I never let him out of my sight
there is an old saying—*it's easy to promise*[1]—
    which I ignore because
he has sure words for every occasion
after tasting his lips
    he leaves me and then?
ah, so it is, nothing happens
indeed he doesn't care too much—

need I tell of the third one,
    wouldn't it be best to keep it secret, because
he comes only at night, the hinges
    have been oiled
his voice is tense, heavy, drawing aside
    the veil to heaven
enchanted gaze, sharp, persisting, finally
    counting the days every month
well, worry about that later
the three loves I have
    when will I find them in one?

1 Literally, 'the tongue has no bones'.

ℒUKISAN WANITA 1938

Lukisan dengan lengkap citarasa
giwang, gelang, untaian kuning-hijau
selendang, menyembunyikan kehamilan

kehamilan maut yang nanti menjemput
luput diredam
kehamilan hidup yang nanti merenggut
goresan dendam
gejolak dan kemelut keprihatinan
gagal direkam
pada sapuan dan garis wajah
menyerah, pada alur sejarah

Lukisan dengan sapuan akhir
yang cemerlang, kelengkapan wajah
diperoleh dalam bingkai kenangan

PICTURE OF A WOMAN 1938

The painting, with exquisite taste
ear studs, bracelets, the drape
of the yellow and green selendang, covers a pregnancy

pregnant with death which calls later
slips away muffled
pregnant with life which plunders later
etching resentment
turmoil and tangles of concern
these fail to be set down
already brushstrokes and lines on the face
surrender, in the plot of history

The painting, with a last stroke
of brilliance, the face is whole
gained in the frame of remembrance

POST-SCRIPTUM

Ingin aku tulis
sajak porno sehingga
kata mentah tidak dirubah
jadi indah, pokoknya
tidak perlu kiasan lagi
misalnya payudara jadi bukit,
tubuh wanita = alam hangat
senggama = pelukan yang paling akrab

yang sudah jelas
tulis sajak itu
antara menyingkap dan sembunyi
antara munafik dan jatidiri.

$\mathcal{P}$OSTSCRIPT

I want to write.
a pornographic poem so that
raw words are not changed
into something beautiful, the main thing is
there is no longer need for metaphor
e.g. breasts are hills,
a woman's body = warm·nature
intercourse = the most intimate embrace

what is already clear
is to write the poem
between exposing and concealing
between hypocrisy and the pure self.

TAUFIQ
ISMAIL

BORN 1937

Selected list of publications:

Tirani 1966

Benteng 1966

Buku Tamu Museum Perjuangan 1969

Puisi-Puisi Sepi 1971

Kota, Pelabuhan, Ladang, Angin, dan Langit 1971

Sadjak Ladang Jagung 1973

Taufiq Ismail's early childhood was spent at Bukit Tinggi, West Sumatra, and he attended secondary school in Central Java. At university he trained in veterinary science.

In his career as a writer Taufiq has produced short fiction, children's stories, drama, essays and poetry for which he gained an award in 1970. His work has been translated into English, Dutch and Japanese. Taufiq has been on the editorial board of *Horison* and has served in the DKJ.

Taufiq's writing reflects his political sensibility and expresses his commitment to Islam. His work reflects this dedication to artistic and political values. During the turbulent 1960s, with the emergence of the New Order Government in Indonesia, Taufiq was a signatory to *Manikebu*, a declaration published by a group of intellectuals opposed to left-wing cultural institutions and the dominance of political ideologies in art. His collection *Tirani* deals with the decline of the Sukarno era.

Taufiq's poetry prior to the student unrest of that decade, which later appeared in his collection *Puisi-Puisi Sepi*, shows the tension of his quest for truth through religious values. This is a popular theme not only related to that period but also used by many Indonesian poets to maintain their spiritual concerns while developing an international awareness of society.

In Taufiq's poetry, the mid-1960s emerge as a metaphor for social transition. Taufiq Ismail was particularly moved by the civil unrest, and the death of one of the students shot during demonstrations (Arif Rahman Hakim) provides the background to the poems presented in this selection.

Percakapan Angkasa

'Siapa itu korban di bumi
Hari ini?'
Tanya Awan
Pada Angin

'Seorang anak muda
Dia amat berani,'
Jawab Angin

'Berembuslah kau, dan hentikan saya
Tepat di atas kota ini.'

Awan dan Angin
Berhentilah siang hari
Di atas negeri ini

'Wahai, teramat panjangnya
Arakan jenazah
Di bawah!
Raja manakah kiranya
Yang wafat itu?'

'Bukan raja,'
Jawab Angin

'Pangeran agaknya?'

'Pangeranpun bukan
Dia hanya kawula biasa
Seorang anak muda.'

CONVERSATION ON HIGH

'Who is the victim on earth
Today?'
Asked Cloud
Of Wind

'He's a young person
Very brave,'
Answered Wind

'You blow, and stop me
Right above the city.'

Cloud and Wind
Stopped in the afternoon
Over this country

'Ah, so very long
Is the funeral procession
Down there!
Which ruler do you suppose
Has passed away?'

'Not a ruler,'
Answered Wind

'A lord, perhaps?'

'Not even a lord
He is just someone ordinary
A young person.'

'Tapi mengapa begitu banyak
Orang berjajar di tepi jalan
Ibu-ibu membagikan minuman
Di depan rumah-rumah mereka
Orang-orang melontarkan buah-buahan
Dalam arak-arakan
Dan saya lihat pula
Mereka bertangisan
Di kuburan
Siapa dia sebenarnya
Wahai Sang Angin?'

'Dialah anak muda
Yang perkasa
Di antara kawan-kawannya
Yang terluka
Dia telah mendahului
Menghadap Ilahi
Seluruh negeri ini
Mengibarkan bendera nestapa
Baginya
Menangisi kepergiannya
Dalam duka

'Seluruh negeri ini
Yang teralu lama dizalimi
Telah belajar kembali
Untuk menjadi berani
Dalam berbuat
Untuk menjadi berani
Menghadapi mati.'

'But why so many people
Lining the edge of the road
Women handing out drinks
In front of their houses
People throwing fruit
To the marchers
And I see, too,
They are crying
At the graveside
Ah! Who on earth is he
Dear Wind?'

'He was someone young
Courageous
Among his friends
Who were wounded
He had overtaken them
To meet his destiny
Throughout the country
Flags are saddened to half mast
For him
Weeping for his going
In grief

'Throughout the country
For too long tyrannised
Again it has been learned
How to be brave
In action
How to be brave
Faced with death.'

Kata Sang Awan pula:
'Sangat menarik sekali
Kisahmu, ya Angin
Tapi sebelum kita pergi
Mengembara ke bagian dunia yang lain
Katakan pada saya

'Karena kau tahu banyak
Tentang negeri ini
Katakan pada saya
Untuk apa anak muda itu mati?'

Sang Angin tersenyum dan berkata:
'Untuk dua patah kata, dia
Rela mati
Dalam usia muda sekali.'

'Apa gerangan itu?'
Tanya Sang Awan

'Menegakkan Kebenaran,'
Sahut Sang Angin
'Dan Keadilan'.

Dan mereka berdua
Mulailah ngembara lagi
Sementara senja
Turun ke bumi.

Once more spoke Great Cloud:
'Your story is so very interesting
Dear Wind
But before we go wandering
To other parts of the world
Please tell me

'Because you seem to know a lot
About this country
Please tell me
Why did this young man die?'

Great Wind smiled and said:
'For just two words, he
Was willing to die
At such a young age.'

'What might they be?'
Asked Great Cloud

'Maintain Truth,'
Replied Great Wind
'And Justice.'

And the two of them
Began to roam once more
While twilight
Descended on earth.

Seorang Tukang Rambutan
Pada Isterinya

'Tadi siang ada yang mati,
Dan yang mengantar banyak sekali
Ya. Mahasiswa-mahasiswa itu. Anak-anak sekolah
Yang dulu berteriak: dua ratus, dua ratus!
Sampai bensin juga turun harganya
Sampai kita bisa naik bis pasar yang murah pula
Mereka kehausan dalam panas bukan main
Terbakar mukanya di atas truk terbuka
Saya lemparkan sepuluh ikat rambutan kita, bu
Biarlah sepuluh ikat juga
Memang sudah rejeki mereka
Mereka berteriak kegirangan dan berebutan
Seperti anak-anak kecil
"Hidup tukang rambutan!
Hidup tukang rambutan!"
Dan menyoraki saya. Betul bu, menyoraki saya
Dan ada yang turun dari truk, bu
Mengejar dan menyalami saya
"Hidup pak rambutan!" sorak mereka
Saya dipanggul dan diarak-arak sebentar
"Hidup pak rambutan!" sorak mereka
"Terima kasih pak, terima kasih!
Bapak setuju kami, bukan!"
Saya mengangguk-angguk. Tak bisa bicara.
"Doakan perjuangan kami, pak."
Mereka naik truk kembali
Masih meneriakkan terima-kasihnya
"Hidup pak rambutan! Hidup rakyat!"
Saya tersedu, bu. Saya tersedu.
Belum pernah seumur hidup
Orang berterima-kasih begitu jujurnya
Pada orang kecil seperti kita.'

The Rambutan Seller Talks with his Wife

'This afternoon someone died,
And there were many people in the procession.
Yes. Students. School children
Were the first to shout: two hundred, two hundred![1]
For the price of petrol to come down
So that we, too, can get cheap fares to the market
They were so thirsty with the heat
How it burned their faces on the open truck
I threw them ten bunches of our rambutan,[2] bu[3]
So what are just ten bunches
Indeed, their luck was in
They clapped for joy and fought
Like small children
"Long live the rambutan seller!
Long live the rambutan seller!"
And they cheered me. Truly, bu, they cheered me
And some got down from the truck, bu
Ran after me and shook my hand
"Long live the rambutan seller!" they cheered
I was carried on their shoulders and in the parade for a while
"Long live the rambutan seller!" they screamed
"Thank you pak,[4] thank you!
You're with us aren't you!"
I was trembling. I couldn't speak.
"Pray for our struggle, pak."
They got on the truck again
Still shouting thanks
"Long live pak rambutan! Long live the people!"
I cried, bu. I cried.
Never in my whole life
Has anyone given thanks so sincerely
To little people like us.'

1 Two hundred—Two hundred rupiah: a call for lower prices.
2 Rambutan—A fruit, sold in bunches.
3 *bu—Ibu* 'mother', or a term of respect for a mature woman.
4 *pak—Bapak* 'father', or a term of respect for a mature man.

1946: LARUT MALAM
SUARA SEBUAH TRUK

Sebuah truk laskar menderu
Masuk kota Salatiga
Mereka menyanyikan lagu
Sudah Bebas Negeri Kita

Di jalan Tuntang seorang anak kecil
Empat tahun, terjaga:
'Ibu, akan pulangkah bapa,
Dan membawakan pestol buat saya?'

1946: LATE AT NIGHT THE SOUND OF A TRUCK

The freedom fighters' truck revs
As they enter Salatiga
They are singing a song
Our Country is Free

In Tuntang Street a small child
Four years old, is wide awake:
'Mum, will Dad be home soon,
And bring me a pistol?'

$\mathcal{A}$YATROHAEDI

BORN 1939

Selected list of publications:
Pamapag (in Sundanese) 1972
Puisi Negro (compiler and
    translator) 1976
Pabila dan di Mana 1977

Ayatrohaedi comes from Jatiwangi, Cirebon, in West Java. He is an archaeologist, a graduate of the University of Indonesia. His studies have taken him to the University of Leiden in Holland and to Grenoble in France.

Ayatrohaedi is also a linguistics scholar specialising in Sundanese, one of Indonesia's many regional languages. Writing in Indonesian and in Sundanese, his work includes novels, short stories, essays, children's stories and poetry. Ayatrohaedi is best known in Indonesia as a regional poet.

Using abstract themes, Ayatrohaedi's lyrical poems invoke a spiritual intensity, as in 'Yang Hidup Kembali' and 'Dari Suatu Perpisahan'. His writing explores acceptance of life's tyrannies. This poet can also be didactic, critical of a modern society which neglects its mythical images, and Ayatrohaedi uses irony, as in 'Di Kebun Binatang', to focus upon such cultural alienation.

Yang Hidup Kembali

Tak semua ombak
menemu pantai.

Kehidupan tak berulang
tetapi selalu datang,
Jika malam bulan terang
ataupun di pinggir siang.

Kapan pun ia datang;
tak pernah ada yang menghalang,
karena ia bagai laut
yang selalu gemuruh
dengan ombak
yang kadang tak menemu pantai,
pecah di jalan,
berantakan.

Hidup adalah laut yang gemuruh,
adalah gelora tak pernah reda.
Tak pernah berulang,
tapi selalu datang.

And Life Returns

Not all the waves
find the beach.

Being is not repetition
but constantly arriving,
When at night the moon is clear
or at the edge of an afternoon.

Whenever he is here;
there is nothing to stop him,
because he is like the sea
which always roars
with waves
which sometimes don't find the shore,
breached in the middle,
breaking early.

Life is a roaring ocean,
waves never slacken.
Never repeat,
but always arrive.

Di Kebun Binatang

Mereka yang kelaparan
ilmu, cinta dan alam
atau sekedar hiburan
bertemu di sini
menyaksikan hewan-hewan
yang juga kelaparan
kurang makan.

Ular-ular yang berbisa
harus diasingkan
dalam kerangkeng perkasa
hingga tidak lagi bisa
meracuni kehidupan.

Beruang yang dua kali
pernah lepas dari kandang
dan menerkam anak-anak
mundar-mandir dalam jerjak
yang membatasi ruang gerak.

Serigala jantan itu
sekarang kesepian
dan telah berjatuhan
gigi, taring dan cakarnya
sendirian di dalam kandang.
(Sedang anjing-anjing kampung
bisanya cuma menggonggong
dan rebutan tulang,
jikalau dihalau orang

AT THE ZOO

Those who hunger
for knowledge, love and the world
or just for entertainment
meet here
to look at the animals
who also are hungry
starving.

Poisonous snakes
have to be isolated
in a strong iron cage
so that they can no longer
poison life.

The bear who twice
escaped from the cage
and savaged children
paces back and forth within the bars
that border his world.

The bold wolf
is lonely now
teeth, fangs and claws
have fallen out
alone in his cage.
(All the while village dogs
can only bark
and fight for a bone,
when someone drives them away

lari berpencaran
tapi kemudian
rebutan lagi tulang.)

Singa yang tua
dengan gerak-gerak tua
mengaum tua
di kandang yang tua
dan tidak lagi
menakutkan anak-anak
yang memandangnya
sambil ketawa,
dan berjingkrak-jingkrak.

Ada kalanya buaya
naik pula ke darat
asik berjemur
sambil pura-pura tidur
menanti saat yang baik
untuk menyergap *pitik*
yang datang mendekat
tak berjaga-jaga.

Seekor banteng di kandang
mengasah tanduk yang tumpul
di dalam lumpur kubangan
yang dibuatnya sendiri,
tak berteman, tak berkawan,
cuma sendirian saja.

Ada dua babihutan
betina dan jantan
menyungkur-nyungkur tanah

they run in all directions
but again struggle
for the bone.)

Old lion
with old movements
an old growl
in an old cage
can no longer
frighten children
who look at him
while they laugh,
and jump up and down.

From time to time the crocodile
goes up on dry land
absorbed in sunbathing
while pretending sleep
waiting for the right
unguarded moment
to grab the goose
which comes carelessly close.

A wild bull in the enclosure
sharpens blunt horns
in the mud hole
which he himself made,
no comrade, no herd,
all by himself.

Two wild pigs
female and male
root the earth

mencari cacing lemah
sepanjang waktu
dan penuh napsu.

Ringkik anak kuda
yang berlari-lari
ke sana ke mari
memekakkan telinga
para manusia
dan lain-lain hewan
di kebun binatang ini.

Mereka yang kelaparan
manusia dan hewan
bertemu di sini
setiap hari
saling memandang,
cuma saling memandang.

looking for frail worms
all the time
and full of passion.

The neighing of the foal
who runs and runs
here and there
is deafening
to people
and other animals
in this zoo.

Those who are hungry
people and animals
meet here
every day
looking at each other,
just looking at each other.

Dari Suatu Perpisahan

Terkadang ada baiknya kita berduka,
agar terasa betapa gembira
pada saatnya kita bersuka

Terkadang ada baiknya kita menangis,
agar terasa betapa manis
pada saatnya kita tertawa

Terkadang ada baiknya kita merana,
agar terasa betapa bahagia
pada saatnya kita bahagia

Dan jika sekarang kita berpisah,
itu pun ada baiknya juga
agar terasa betapa mesra
jika pada saatnya nanti
kita ditakdirkan bertemu lagi

$\mathcal{F}$rom the Parting

Sometimes it is good that we feel sad,
in order to know
of the moment we are happy

Sometimes it is good that we cry,
in order to know how sweet
it is to laugh

Sometimes it is good that we suffer,
in order to know
the joy of a moment of bliss

And if now we are parted,
even that has something good
to feel how intimate
will be the moment
we are fated to meet again

Sapardi Djoko Damono

BORN 1940

Selected list of publications:
DukaMu Abadi 1969
Mata Pisau 1982
Akuarium 1974
Perahu Kertas 1983
Sihir Hujan 1984
Suddenly the Night 1988
   (collection, English translation by John H. McGlynn)

Sapardi Djoko Damono has published essays, critical articles and poetry and is now one of Indonesia's leading literary figures. Sapardi comes from Solo. He studied at Gadjah Mada and at the University of Hawaii, and has taught at Madiun, Semarang and Jakarta. Sapardi has been a member of the DKJ and an editor for *Basis*, *Horison*, and the Malaysian journal *Tenggara*.

Sapardi is well known for his literary translations from several languages, including English. He has also written and hosted regular programmes on literature for Yogya radio.

Sapardi began writing drama as a student, and maintains this interest in live theatre as a dramatist and coach. He has attended the poetry festival at Rotterdam, and travelled to the Adelaide Festival in 1988 to read, and conduct seminars. A selection of Sapardi's poems have been set to music and recorded, played and sung by his students: *Hujan Bulan Juni* (1992, audio cassette).

Sapardi Djoko Damono's eclectic approach to literature marks this poet as an intellectual as at ease with Indonesian and Western classical studies as with his own vibrant world of memory and daily life.

Sapardi's elegant pieces employ narrative techniques together with conversational language and sharp images to gain thematic breadth. In 'Perahu Kertas', for example, Sapardi uses the innocent fragility of a paper boat to symbolise the child's growth towards the unease and insecurity of adulthood, and with the timeless metaphor of the flood the poet links one lifetime with the spread of a population. 'Poem of Someone Mad' exploits the limits of the reader's perception of insanity. The classical Ramayana story forms the background to 'Benih', which deals with the quest to know 'the will of the gods'.

BERJALAN KE BARAT WAKTU PAGI HARI

waktu aku berjalan ke barat di waktu pagi matahari
mengikutiku di belakang
aku berjalan mengikuti bayang-bayangku sendiri
yang memanjang di depan
aku dan matahari tidak bertengkar tentang siapa di
antara kami yang telah menciptakan
bayang-bayang
aku dan bayang-bayang tidak bertengkar tentang
siapa di antara kami yang harus
berjalan di depan

Morning Walk Towards the West

as I walk towards the west in the morning the sun
        follows me at my back
I walk following my own long shadow
        which stretches out in front
I and the sun don't squabble about
        who between us created the
                shadow
I and the shadow don't squabble about
        who between us must
            walk in front

Perahu Kertas

Waktu masih kanak-kanak kau membuat perahu
    kertas dan kaulayarkan di tepi kali; alirnya
    sangat tenang, dan perahumu
    bergoyang menuju lautan.
'Ia akan singgah di bandar-bandar besar,' kata
    seorang lelaki tua. Kau sangat gembira, pulang
    dengan berbagai gambar warna-warni di kepala.
    Sejak itu kau pun menunggu kalau-kalau ada
    kabar dari perahu yang tak pernah lepas dari
    rindumu itu.
Akhirnya kaudengar juga pesan si tua itu, Nuh,
    'Telah kupergunakan perahumu itu dalam
    sebuah banjir besar dan kini terdampar di
    sebuah bukit.'

Paper Boat

When you were still a small child you made a paper boat
　　and sailed it at the edge of the river;
　　the stream was so calm, and your boat
　　bobbed towards the sea.
'It will berth at big ports,'
　　said an old man. You were very happy, going home
　　with colourful images in your head.
　　Since then you have been waiting in case there is
　　news of the boat which is never free from
　　your yearning.
At last you hear the message of that old man, Noah,
　　'I used your boat in a great flood
　　and now it is aground
　　on top of a hill.'

PENYAIR

aku telah terbuka perlahan-lahan, seperti sebuah
            pintu, bagimu
satu persatu aku terbuka, bagai daun-daun pintu,
hingga akhirnya tak ada apa-apa lagi yang
            bernama rahasia;
begitu sederhana: samasekali terbuka.
dan engkau akan selalu menjumpai
            dirimu sendiri di sana,
bersih dan telanjang, tanpa asap dan tirai yang
            bernama rahasia.

jangan terkejut: memang dirimu sendirilah
            yang kaujumpa
di pintu yang terbuka itu—begitu sederhana
jangan gelisah, itulah tak lain engkaumu
            sendiri,
kenyataan yang paling sederhana tapi
            barangkali yang menyakitkan hati.
aku akan selalu terbuka, seperti sebuah pintu,
            lebar-lebar bagimu
dan engkau pun masuk, untuk mengenal dirimu
            sendiri di sana.

POET

I am slowly opened,
        like a door, for you
little by little I open, like the blade of the door,
so that finally there is nothing more
        which is called secret;
it is so simple: completely open.
and you will always find
        your own self there,
clean and naked, without haze and curtains
        which are called secrecy.

don't be surprised: indeed it is yourself
        you have found
at the open door—so simple
don't worry, it is
        none other than yourself,
the simplest truth but
        painful perhaps.
I will always be open, like a door,
        wide enough for you
and you can even come in, to know
        your own self there.

BENIH

'Cintaku padamu, Adinda,' kata Rama, 'adalah laut
yang pernah bertahun memisahkan kita, adalah
langit yang senantiasa memayungi kita, adalah
kawanan kera yang di gua Kiskenda. Tetapi . . .'
Sita yang hamil itu tetap diam sejak semula.
'. . . kau telah tinggal dalam sangkar raja angkara
itu bertahun lamanya, kau telah tidur di
ranjangnya, kau bukan lagi rahasia baginya.'
Sita yang hamil itu tetap diam: pesona. 'Tetapi, si
Raksasa itu ayahandamu sendiri, benih yang
menjadikanmu, apakah ia juga yang
membenihimu, apakah . . .'
Sita yang hamil itu tetap diam, mencoba
menafsirkan kehendak para dewa.

S EED[1]

'My love for you, Beloved,' said Rama, 'it is
    the sea which for so many years has separated us,
    it is the sky which has always sheltered us,
    it is the monkey band in the Kiskenda Cave. But . . .'
    Sita, pregnant, was quiet from the beginning.
    '. . . you have lived in the cage of that ruthless king
for years and years, you have slept
    in his bed, you are no longer a secret for him.'
Sita, pregnant, stayed quiet: spellbound. 'But, the
    Demon is your own father,
    the seed which begat you,
    has he also given you seed, has . . .'
    Sita, pregnant, remained quiet, trying to
    interpret the will of the gods.

---

1   Based on an episode from the ancient Hindu epic,
    the *Ramayana*.

Sajak Orang Gila

I
aku bukan orang gila, saudara,
tapi anak-anak kecil mengejek
orang-orang tertawa

ketika kukatakan kepada mereka: aku temanmu
beberapa anak berlari ketakutan
yang lain tiba melempari batu

II
aku menangis di bawah trembesi
di atas dahan kudengar seekor burung bernyanyi
anak-anak berkata: lucu benar orang gila itu
sehari muput menangis tersedu-sedu

orang-orang yang lewat di jalan
berkata pelan: orang itu sudah jadi gila
sebab terlalu berat menapsir makna dunia

III
sekarang kususuri saja sepanjang jalan raya
sambil bernyanyi: aku bukan orang gila
lewat pintu serta lewat jendela
nampak orang-orang menggelengkan kepala mereka:
kasihan orang yang dulu terlampau sabar itu
roda berputar, dan ia jadi begitu

Poem of Someone Mad

I
I am not mad, mister,
but young children mock
people laugh

when I say to them: I am your friend
some of the children run in fear
others quickly throw stones

II
I cry beneath the trembesi tree[1]
on a branch I hear a bird sing
the children say: he's really funny that mad man
all day sobbing and sobbing

people who pass in the street
say slowly: that man went mad
because the meaning of life was too much for him

III
now I go along the edge of the highway
singing: I'm not a mad man
past doors and past windows
people seem to shake their heads:
poor man who used to be so patient
the wheel turns, and he's like that

---

1   *pohon trembesi*—A hardwood tree, *Pipturus nicanus.*

IV

kupukul tong sampah dan tiang listrik
kunyanyikan lagu-lagu tentang lapar yang menarik
kalau hari ini aku tak makan lagi
jadi genap sudah berpuasa dalam tiga hari

tapi pasar sudah sepi, sayang sekali
tak ada lagi yang memberikan nasi
ke mana aku mesti pergi, ke mana lagi

V

orang itu sudah lama gila, kata mereka
tapi hari ini begitu pucat nampaknya
apa kiranya yang telah terjadi padanya

akan kukatakan pada mereka: aku tidak gila!
aku orang lapar, saudara

VI

kudengar berkata seorang ibu:
jangan kalian ganggu orang gila itu, anakku
nanti kalian semua diburu

orang kota semua telah mengada-ada, aduhai
menuduhku seorang yang sudah gila
aku toh cuma menangis tanpa alasan
tertawa-tawa sepanjang jalan
dan lewat jendela, tergeleng kepala mereka:
kurus benar sejak ia jadi gila

IV

I hit rubbish bins and light poles
I sing songs about hunger which gets their attention
if I don't eat today again
then I will have fasted for three days

but the market is already deserted, what a pity
there's nobody to give me rice
where must I go, where else

V

that man's been mad for a long time, they say
but today he seems so pale
wonder whatever happened to him

I would have said to them: I'm not mad!
I'm hungry, mister

VI

I heard a woman say:
don't bother that mad man, my children
next time he'll chase you

city people all make up stories, oh dear
accusing me of being quite mad
I cry without any reason
laugh and laugh all along the road
and past the window, they shake their heads:
how thin he is since he went mad

ISMA
SAWITRI

BORN 1940

Selected list of publications:
Kwatrin (published privately)

Isma Sawitri comes from Langsa, in Aceh, and received her early education at Medan. She was a journalist with *Tempo* until it was banned in June 1994, and has worked on the women's magazines *Kartini* and *Femina*. Isma studied law and, later, literature at the University of Indonesia.

Isma's poetry is widely published in Indonesia but is not yet well known in other countries. She has always been involved with the arts, and was a member of the DKJ.

Isma's poetry moves closer to her subject by blending abstract ideas with natural images. In her student years, the early period of her development as a poet, Isma Sawitri was part of the *Angkatan '66*, a group of writers led by H. B. Jassin whose work gained prominence in 1966. Their poems manifested aesthetic quality and a spirit of freedom. She became caught up in demonstrations in 1966, as did Taufiq Ismail and Goenawan Mohamad who were both literary figures at that time. In 'Kasus' the poet explores both sagacity and rebellion.

Isma Sawitri's inspirations are often regional in character, such as spiritual traditions of Bali or journeys into other areas of Southeast Asia. 'Ubud' invokes the myth of Dewi Sri, the rice goddess.

KASUS

— A.S.: dalam kenangan

Langit-langit di ruang ini teramat tinggi
jendela lebar berkisi-kisi
di luar angin bermain
antara daun dan ranting
berayun dalam cahaya musim panas
yang jatuh hangat ke atas tingkap
dan ke dasar angan-angan

Dialog pintar itu tiba-tiba merenggut semua
dari sofanya sang guru bijak bersuara
—Sebagaimana halnya
tiap pemberontak dari segala zaman
ia tidak berdiri sendiri

—Ya, pemberontak itu berkomplot dengan apa
yang disebut Gusti, murid di pojok menanggapi

—Hei, fikiran saudara berbau mistik, mengapa?

—Boleh jadi karena dalam kasus ini
tidak ada jarak
antara yang ada dan yang sebenarnya ada,
murid menjawab hati-hati

—Janganlah menjadi kalut dengan motivasi, suara guru meninggi
saya yakin pemberontak itu didukung oleh mereka
tanpa bukti

CASE

For A.S.: In Memory

The ceiling in this room is so very high
wide window screened with lattice
outside the wind plays
among leaves and branches
swaying in rays of summer
which fall warm on the blind
and at the foot of illusions

Learned dialogue suddenly overcomes all
from the sofa the wise guru speaks
—As in every situation
every rebel from every era
is never alone

—Yes, the rebel plots with whatever
is called Gusti[1], the student in the corner responds

—Hey, your thoughts touch on the mystic, why?

—Perhaps, because in this case
there is no distance
between what is and what really is,
the student answers carefully

—Don't become confused by motivation, the voice of the guru rises
I am sure the rebels have their support
without question

---

1 *Gusti*—The Lord.

—Mereka siapa? murid-murid serempak bertanya

—Mereka yang tidak menolak hidup
dan tidak menolak mati

—Mereka?

Sesama murid berpandangan tidak percaya
sendiri dan diam guru menatap ke luar jendela
angin masih bermain antara daun dan ranting
mengapa Gusti, mengapa kawula semakin tidak penting

—Who are they? the students chorus

—Those who do not refuse life
and do not refuse death

—Them?

Fellow students look at one another in disbelief
and quietly the guru gazes out the window
wind still plays between leaves and branches
why is Gusti, why is kawula² becoming less important

2   *kawula* (Javanese)— The servant or slave (student in this context), signifying the
    relationship between God and humans.

*U*BUD

yang emas adalah padi
yang hijau adalah padi
yang bernas sesungguhnya padi
yang bergurau kiranya padi
inilah kebenaran pertama sebelum yang lain lain
karena laparlah yang pertama sebelum yang lain lain
sebelum berdirinya pura
sebelum tersusun doa
sebelum raja raja bertakhta
Dewi Sri membenihkannya di atas bumi
di sinilah tempatnya ke mana ia harus datang
di sinilah manusianya kepada siapa ia harus datang
setiap musim berganti setiap musim beralih
Dewi Sri tetaplah pelindung pengasih
bagi mereka yang tabah dan tahu berterimakasih
yang emas adalah padi
Dewi Sri membenihkannya di atas bumi
sepanjang usia bumi
sepanjang hidup khayali
yang bernas sesungguhnya padi
Dewi Sri adalah warisan abadi
maka tercipta dongeng atas kenyataan
tercipta keyakinan pada kehidupan

*U*BUD[1]

the gold is rice
the green is rice
the fully shaped in fact is rice
to jest I guess is rice
this is the first truth before others
because hunger is the first before others
before shrines are built
before prayers are formed
before kings rule
Dewi Sri[2] seeded it upon the earth
it is here she has to come
here are the people to whom she must come
each season turns each season changes
Dewi Sri *is* the protector, the compassionate
for those who are steadfast and thankful
the gold is rice
Dewi Sri seeded it upon the earth
throughout the ages of earth
throughout the life of the imagination
the fully shaped in fact is rice
Dewi Sri is an eternal legacy
so tales are produced from realities
and faith created in living

1 *Ubud*—A scenic district in the hills above Denpasar in Bali,
   well known as a cultural and religious centre.
2 *Dewi Sri*—The rice goddess.

GOENAWAN
MOHAMAD

BORN 1941

Selected list of publications:
Parikesit 1971

Goenawan Mohamad studied psychology at the University of Indonesia and politics in Belgium. He has edited *Horison* and been a member of DKJ and was Chief Editor of *Tempo* until the journal was banned in June 1994. Goenawan comes from Batang, Central Java.

A renowned poet, Goenawan is also an astute essayist, journalist, critic, columnist and a translator of poetry. He was one of the instigators of *Manikebu*, and throughout his career in the literary arts Goenawan has maintained his own political dedication.

Goenawan is an international traveller. He has visited Australia many times, and some of his poetry has been used by Australian musician and composer Betty Beath. His work is widely anthologised in Indonesia, and in 1992 he was awarded the Teeuw literary prize.

Goenawan Mohamad's themes reflect wide intellectual interests and a command of literature, art and philosophy—both ancient and modern, Asian and European. In particular, appreciation of classical Western as well as traditional Indonesian music and the *wayang* underscores much of his work. The *wayang* is traditional Indonesian theatre in which shadow puppets depict stories, accompanied by the gamelan, a sacred orchestra.

In 'Di Serambi', for example, the music of J. S. Bach has the power to displace the terrors of an era almost spent. The title of this anthology comes from this brief modernist piece which looks towards the twenty-first century. Bach's music underscores the animist context in 'Song of the Oboe': orchestral music and natural wind 'etched together'.

Goenawan's poetry can also evoke the emotional stress of daily life, as in the first two pieces presented here.

Dingin tak Tercatat

Dingin tak tercatat
pada termometer

Kota hanya basah

Angin sepanjang sungai
mengusir, tapi kita tetap saja

di sana. Seakan-akan

gerimis raib
dan cahaya berenang

mempermainkan warna.

Tuhan, kenapa kita bisa
bahagia?

Cold Unregistered

Cold is not recorded
on the thermometer

The city is all wet

Wind along the river
drives everything out, but we stay

there. It is as if

the magic drizzle
and the swimming light

toy with colours.

Lord, why are we able to be
happy?

SUAMI

Ia tahu wanita itu ingin cepat-cepat menutup pintu.
Ia tahu wanita itu ingin mengisyaratkan sesuatu.
Karena itu ia berhenti melangkah
pada setombak jarak, dan kebun yang basah.

Sesuatu telah berubah. Senja hanya berdiri.
Lampion kian lemah. Gerit tak ada lagi.
'Aku tak mengira kau akan datang.
Beberapa hari ini dusun hanya tenang.'

Wajah itu pucat. Seperti huruf sunyi pada kawat.
Yang mendesakkan sesuatu—tapi tak termuat.
'Malam ini suamiku akan sampai.
Malam ini malam kami yang damai.'

Sudah berapa lamakah batu-batu itu tersusun
dalam kesedihan sebuah kebun?
Ada pernah ia lihat lukisan unggas
terbang, dalam teratai yang luas.

Lalu perempuan itu pun cepat-cepat menutup pintu.
'Aku harus menisik tanda pada kelambu,' katanya
'Karena itu selamat malam.'
'Karena itu selamat malam, suamiku.'

HUSBAND

He knows the woman wants to close the door quickly.
He knows the woman wants to signal something.
So he stops striding
within a spear's length, and the garden is wet.

Something has changed. Only sunset remains.
The lamp becomes weaker. There's no more screeching.
'I did not expect you would come.
These last few days the village has been quiet.'

Her pale face, like quiet letters on the telegram
insists on something—but doesn't say it.
'Tonight my husband arrives.
Tonight is our night of peace.'

For how long have the stones been piled
in the sadness of a garden?
He could see a painting of birds
flying, on the broad lotus.

Then the woman closed the door quickly.
'I must mend the tear in the net,'[1] she said.
'So good night.'
'So good night, my husband.'

---

1 *kelambu*—Mosquito net.

$\mathcal{D}$I SERAMBI

Di dalam rumah ini kita dengarkan sebuah Bach
Di ujung jalan siapa berlari dalam darah?

'Aku tak tahu, ibu. Aku tak mau bicara
tahun 2000.'

Hutan hendam karam.
Malam mengigau dalam gerimis yang tak kelihatan.

On the Verandah

Inside this house we are listening to Bach
At the top of the street who is running in blood?

'I don't know, mother. I don't want to talk about
the year 2000.'

Forests are utterly destroyed.
Night raves in drizzle which is not perceived.

Lagu Obo

Ada sebuah obo
dimainkan hantu hutan
dan malam jadi hijau
sesenyap lukisan

Di bawah bulan ekstase
dan ayun awan
meremang ritme
tenung di pebukitan

Musik terbaik, Adik,
mungkin membius beratus detik
suara genta dan gerimis
pada pohon-pohon tropis

Maka pagi tak jadi pagi
Hari tak jadi hari
hanya angin dan orkes
saling menggores

Bahkan nada yang jatuh
ke biru kolam
Dipunggut balik burung-burung malam

J. S. Bach, mantera manakah
yang akan mengakhiri
ini?

Song of the Oboe

An oboe
is played by the forest spirit
and night becomes green
as silent as a painting

Under the moon ecstasy
and swaying cloud
electrify the enchanted
rhythm in the hills

The best music, my young friend,
perhaps intoxicated a thousand seconds
resonance and mist
in tropic woods

So morning is not morning
Day is not day
only wind and orchestra
etched together

Indeed a note falls
to the blue of the pool
Is taken up again by night birds

J. S. Bach, what mantra
will finish
this?

Sunaryono Basuki KS

BORN 1941

Selected list of publications:
Kaki Langit (ed.) 1984
Opo Iyo Roh : Little Miss Nobody 1984
Peta Lintas Batas (with Dinullah Rayes and Hardiman) 1986
Sajak-Sajak Tentang 1988

Sunáryono Basuki KS comes from Malang. He has undertaken post-graduate studies at Leeds and Lancaster in England, and at Ohio in the USA. Sunaryono is now the Head of Language Education in the Teachers' Training College at the University of Udayana, Singaraja.

Sunaryono writes poetry, essays and novels, and his work appears regularly in popular magazines. He is a columnist for several daily newspapers including *Bali Post, Suara Karya* and *Suara Pembaruan*. Sunaryono is also a senior member of a circle of Bali poets, and has edited and contributed to several collections by the group.

Sunaryono's short poems work upon both visual and onomatopoeic levels, and in some pieces the incorporation of English vocabulary offers an interesting perspective.

'Siul Pagi Hari' and 'Detik' show Sunaryono's skill in the use of visual form to enhance the metaphor developed in each poem. 'Biarkan hujan turun' echoes the experience of alienation encountered while studying overseas.

SIUL PAGI HARI

kusiulkan lagu
dari dasar danau
yang berabad dipeluk teluk

lembar
l e m b a r
l e m b a r
al   kisah

berdesak-desak hendak nampak

da
lam
la
gu
s i u l

kusiulkan lagu·
dari dasar imbau
yang sejak purba
dimangsa kala

jadilah aku kini
merupa kaca
menyimpan serba makna
alangkah indahnya sukacita

WHISTLING IN THE MORNING

I whistle a tune
from the bed of the lake
for centuries embraced by the bay

lyric
l y r i c
l y r i c
of the story

pushes jostles wanting to be seen

in
the
song
w h i s t l e d

I whistle a tune
from the bed of myths
which since antiquity
have been time's prey

make me now
become as a mirror
storing all meaning
how splendid is joy

DETIK

kulihat detik jam berpacu jantungku
pun berpacu dengan waktu menuju
saat layar kronograf mengabur
detak kehilangan daya

bla
bla
bla

Seconds Ticking

I see the flick of the clock[1]
race with the throb of my heart
even race with time towards
the screen moment which fades
the ticking is losing its power

blur
blur
blur

1 A digital clock in this context.

BIARKAN HUJAN TURUN

biarkan hujan turun
mengusik mimpi
biarkan cecak berkecicak
merentang nasib
biarkan tikus mencicit
membangunkan kucing
biarkan dinding berlobang
mengibaskan angin
biarkan sejuta biar
berkeliaran mencari
dirinya sendiri
yang tersesat di antara
tumpukan jerami

LET THE RAIN FALL

let the rain fall
to disturb the dream
let the cicak chatter[1]
to decide fate[2]
let the mouse squeak
to wake the cat
let the wall have a hole
to let in the breeze
let a million lets
swarm about
to find oneself
on the wrong track
lost in the haystack

1 *berkecicak*—The sound of the cicak, a
   small lizard similar to a gecko, which
   often lives in the house.
2 *merentang nasib*—'To stretch over fate.'
   Counting the number of times a cicak calls
   (odd or even) is used as a method of
   predicting events.

$\mathcal{K}$ UNTOWIJOYO

BORN 1943

Selected list of publications:
Suluk Awang-Uwung 1976
Isyarat 1976

Kuntowijoyo is a historian, a graduate of Gadjah Mada University where he is now a lecturer. He has special interests in the history of Madura. Kuntowijoyo comes from Yogyakarta.

Kuntowijoyo's writing, including drama, poetry, short stories and novels, has appeared in journals such as *Horison*, *Sastra*, *Basis* and the daily paper *Kompas*. His background is Muslim, and religious themes predominate in his work.

Kuntowijoyo was an established writer before travelling to America to complete higher degree studies at the universities of Connecticut and Columbia. The poems in his well-received collection, *Isyarat*, were written at this time. So too was 'Suluk Awang-Uwung', part of which is presented here.

The suluk is a long, three-part mystical performance, a form of Javanese literature that evolved from early translations of Hindu poetry into Old Javanese. The suluk embodies a relationship between poetic (i.e. spoken word) and musical forms, and was traditionally written to be accompanied by instruments from the gamelan. This form of literature is characterised by philosophical themes—a quest for union and harmony between humans and God, and by the effect created—moods such as sadness, peace, quiet; or turmoil, ecstasy, fear.

Using the suluk in both the title and the formal aspects of 'Suluk Awang-Uwung', the poem becomes especially evocative of today's Indonesia in the diversity of cultural allusions and images, focused by modern vocabulary.

SULUK AWANG-UWUNG

1

Jantung berdetak
menggugurkan impian
dari balik sepi
merpati putih
hinggap di pucuk kabut
Ketahuilah:
Kaurindukan kekosongan

2

Pengembara!
Undang serigala
menjilat jejakmu
sampai pasir di gurun
menghampar permadani
pekat bagai ketiadaan
Kauharapkan pelangi memencar
lupakan. Juga matamu
terpejam gelisah
Ada yang tak kau tahu
hari kemarin menyelinap ke dasar waktu

3

Tangkai melati
berbunga bulan
dibujuk angin malam
menyerahkan kuningnya
untuk disimpan
Wahai mahkota!
Mutiara pecah di besi tempaan
ketika tangan hitam menjamah

Celestial Song

1

The heart beats
annihilating dreams
from behind loneliness
the white dove
perches on the leaf top in fog
Know this:
You long for emptiness

2

Wanderer!
Summon the jackal
to sniff your tracks
while desert sand
spreads a thick carpet
of nothingness
You hope for the span of a rainbow
forget it. And your eyes
close with worry
There are things you don't know
yesterday crawls away to the bed of time

3

A stalk of jasmine
in flower, the moon
coaxed by night wind
surrenders its yellowness
to be stored away
Oh, the crown!
A smashed pearl in the forge
when a black hand touches it

Tak suka kau mengingatnya
luput dari benakmu
entah di mana

4
Cakrawala melepas burung
pada sore hari
kembali ke Barat
mengikut angin
yang meniup pelan
membangkitkan birahi
·Maka bulu-bulunya berceceran
sedangkan tubuh yang lunak
gaib bersama matahari
Alangkah nikmatnya rindu!

5
Undan tidak bertelur
karena benih para lelaki
begitu saja tumpah
sebelum mendapat restu bumi
Yang nampak hanya pohon tunggal
di padang tanpa rumput
sedangkan biri-biri
meninggalkan jejak di tanah
tak terhitung jumlahnya
Siapakah penggembala bijaksana
mengajak pulang ternak sebelum malam tiba?
Padahal engkau merenung di bawah randu
menerka-nerka kiblat
sesudah surya lenyap dari mata
Wahai yang tak mendengar berita
Di kampung yang jauh
di luar angan-anganmu
bidadari berdandan menunggu

You do not like to remember
stripped from your mind
who knows where

4
The horizon frees the bird
in the afternoon
to return Westward
to follow the wind
which blows softly
arouses desire
Then all the feathers are scattered
while the supple body
is as mysterious as the sun
How lovely is longing!

5
The pelican has not laid
because the vital seed
was spilled
before being blessed by the earth
Just a lone tree can be seen
in a field without grass
whereas sheep
leave behind tracks on the land
in infinite numbers
Who is the wise shepherd
driving the flock home before nightfall?
Yet you muse under the kapok tree
guessing direction
after the sun is lost from view
Oh, who has not heard the news
In the far kampong
outside your fantasy
a splendid angel waits

6
Tatap ragamu
ketika ia larut
di air kolam
waktu engkau mengaca
adakah juga ruh berkilauan bagai manik-manik
menghias muka danau?
Ingatlah, engkau sebagian dari pasir
lenyap dari pandangan
waktu petani membasuh lumpur
Mengapa tidak jadi merjan
menghias leher jenjang?
Artinya:
Sukma itu permata yang sempurna

7
Api menggoda sarafmu
sesudah tungku dinyalakan
seolah langit terbakar
lalu jari-jarimu mekar
meraba ujungnya
hangat yang tenteram
menyusup jasadmu
Menjelang malam
berubah jadi impian
Harapan ialah sisa api
yang sesekali membangunkan
memaksamu tersenyum
Mengapa ragu-ragu:
Petiklah! Salju turun di luar jendela

8
Kau jadi saksi
langit selalu biru dan merendah

6

Gaze at your body
as it dissolves
in the pool,
when you see your reflection
is there also a soul glistening like droplets
adorning the surface of the lake?
Remember, you are part of the sand
disappearing from view
when a farmer washes away the mud
Why not be red coral
to grace a slender neck?
This means:
The soul is a perfect jewel

7

Fire seduces your nerves
after the hearth is set glowing
as if the sky burns
then your fingers unfold
touching the tips
tranquil warmth
infiltrates your body
With the coming of night
change into fantasy
Hope is the remnant of fire
which occasionally wakes you
forces you to smile
Why do you waver:
Grab it! Snow falls outside the window

8

You witness
the sky always blue and bowing down

menyentuh laut
di sudut layar
sia-sia pelaut menjaring
Sebagai segala yang ajaib
lewat dari jangkauan
Ibaratnya:
Yang dekat ialah yang jauh ialah yang dekat ialah yang jauh
Maka ketika sufi menengadahkan tangan
ia bertemu dengan langit
di pusat semesta

9
Penghibur yang mulia ialah sepi
waktu bintang berkedip dan purnama bulan
lalu pelan, mawar membuka kelopak
Sedangkan engkau di tengah-tengah
sambil diam-diam
sukmamu menghisap madu

10
Awan melebur duka
karena bersahabat dengan pohon
membiarkan hutan tumbuh di gigir bukit
tempat cinta menyapa bumi
di pagi hari. Lihatlah!
Mega yang abadi
sengaja berhenti
menampung rindu derkuku
Bagaimana bisa engkau lupa!
Ya Tuhan. Kabarkan awan selalu jingga

to touch the ocean
at the corner of the sail
in vain the seaman travels
Everything is strange
passed out of reach
The parable:
What is close is far is close is far
Then when the Sufi[1] lifts up his hands
he meets the sky
at the centre of being

9

The noble comforter is loneliness
when stars flicker and a full moon
passes the field, the rose opens its sheath
While you are at the very centre
absolutely quiet
your soul sucks honey

10

Cloud dissolves sorrow
because it befriends the tree
making forests grow on mountain ranges
a place of love greeting the earth
at morning. Look!
Eternal cloud
knowingly stops
to receive the longing of the dove
How is it that you forget!
Yes Lord. Tell us the cloud is always orange

1   Sufi—Member of an Islamic mystical order.

ℒINUS
SURYADI ᴀG

BORN 1951

Selected list of publications:
Langit Kelabu 1976
Pengakuan Pariyem 1981
Tugu: Antologi Puisi 32 Penyair Yogya (ed.) 1986
Perkutut Manggung 1986
Tonggak vols 1–4 (ed.) 1987
Rumah Panggung 1988
Kembang Tunjung 1988

Linus Suryadi AG is based in Yogyakarta, his birth-place. He studied at IKIP Sanata Dharma, and has a strong Catholic background. Linus began publishing poems and essays in his late teens. He continues to extend his horizons as an arts activist, and has com-piled a four-volume anthology of Indonesian poetry, *Tonggak (1987)*.

Linus studied with the International Writing Programme at Iowa in 1982, and has visited Australia. Several collections of his poetry have been published, and his work has been translated into English and Dutch.

Linus's writing gained wide recognition in Indonesia with the publication and performance of the prose poem *Pengakuan Pariyem*. This lyrical work combines narrative technique and a command of the confessional mode, and sustains a thematic focus upon a woman's perceptions of her life.

In Linus Suryadi's poems a religious perspective intensifies the expression of spiritual and personal needs, and the poet's Catholic background is evident in the first two poems selected. His work also exhibits a keen perception of place and history, which becomes a matrix for social criticism. Impressions of a visit to Australia, for instance, are represented in 'Sydney', and Linus's sense of the ironic is equally effective in his long poem which deals with 'Borobudur'.

$\mathscr{I}$BUNDA

Ibunda
di mana pun sama
Tahan derita
lebih ketimbang ayahnda

Gua garbanya
tempat tapa
Janin bayi
yang kelak dilahirkan

Bagaikan Maria
di Pengadilan
Ia pun pasrah
Yesus disalibkan

Tidak brontak
dan murka
Tapi sabar & nrimo
lego lilo

Pasrah bongkokan
awal kebangkitan
Dalam proses
penjadian kasih sayang

MOTHER

Mother
wherever you are it is the same
You endure suffering
more than the father

Cave of the embryo
place of meditation
Child in utero
soon to be born

Like Mary
at the Judgment
Resigned to fate
Jesus crucified

Without resistance
or anger
But patient & submissive
released and reconciled

Resigned and bowed
begins the resurrection
In the process
the advent of loving kindness

Lagu Orang Keracunan

'Bapa, Bapa, mengapa engkau meninggalkan aku?'

Konon Yesus berseru begitu, kala
menyandang sungkawa di Taman Zaitun
dulu: gelisah dan takut bersatu-padu.
Oh, hatinya pun tergagap, Ibu?

'Bapa, Bapa, mengapa engkau meninggalkan aku?'

Sedang engkau sibuk urusan-urusan suntuk
tenggelam memburu dan diburu bayang-bayang
waktu: ia anggur sebab ia pun sembilu.
Eh, kapan mencapai hulu?

'Bapa, Bapa, mengapa engkau meninggalkan aku?'

Namun itu dulu—waktu yang kasib
menjelma nasib, aku telah begitu karib
bercumbu: kami tertawa kami pun tersedu
Ah, mengapa menjadi pecandu?

'Bapa, Bapa, mengapa engkau meninggalkan aku?'

Song of the Obsessed

'Father, Father, why have you forsaken me?'

Once Jesus cried out thus,
when bearing condolences in the Olive Grove
long ago: worry and fear combined.
Oh, why are you troubled, Mother?

'Father, Father, why have you forsaken me?'

While you were caught up with worldly affairs
chased and being chased by shadows
of time: he was idle because even he was mortal.[1]
Oh, when will you reach the beginning?

'Father, Father, why have you forsaken me?'

Yet that was in the past—time is overdue
for meeting fate, I am already
so flatteringly close: we laugh, we even cry
Ah, why do we become obsessed?

'Father, Father, why have you forsaken me?'

1   *sembilu*—A bamboo blade, traditionally used to cut the
    umbilical cord, here signifying the process of birth and death.

ℬOROBUDUR

1

Di Borobudur
hampir tak percaya
Arca-arca Buddha
tanpa kepala

Tinggal gembung
di tempatnya
Diam terkungkung
jagad yang tua

Kau menebak
penuh murka:
Ini seloka
atau realita?

Kulihat saja
pedagang Jawa
Kaum turis
berpariwisata

Warung & restaurant
sedia pula
Hotel & pasar
di bawahnya.

2

Pegunungan
di selatan
Raksasa pulas
sepanjang zaman

Apa pula
kau jaga

BOROBUDUR

1
At Borobudur
it is almost incredible
The statues of Buddha
are without heads

Headless
in their places
Quiet imprisoned
by the old world

You guess
full of anger:
Is this a riddle
or is it reality?

I see only
Javanese pedlars
Groups of tourists
sightseeing

Shops & restaurants
are also there
Hotels & markets
at the foot of the temple.

2
The mountain range
to the south
A giant fast asleep
through centuries

What else
do you watch over

Bila napsu
menghanyutkan raga?

Jiwa lena
dalam alpa
Nglumpruk
di pusarannya!

Arus hidup
tambah deras
Kita pun kuyup
bisakah bebas?

Mana raga
mana jiwa
Sukma terlindas
di jalan-jalan raya.

3
Bukan samadi
atau tafakur
Di lembah Dagi
kita ngluyur

Ke mana kau
akan mencari
Dalam risau
di terik hari

Tatkala rindang
pohon Boddhi
Rebah & tumbang
tak ada ganti

When desire
sweeps away the body?

The soul off-guard
in forgetfulness
Crumples
at the centre!

The current of life
becomes stronger
Even we are drenched
can we be free?

Where is the body
where the essence
The soul is crushed
on the highways.

3
Not meditation
nor contemplation
In the Dagi[1] Valley
we stroll around

Where
will you search
In restlessness
in the heat of the day

When it is lush
the Boddhi tree
Falls with a crash
there is no replacement

1   Dagi Valley—Borobudur is situated in this valley. The valley
    was once a lake, which dried up after an eruption of Mount
    Merapi changed the course of the Progo River.

Tidakkah tinggal
di dalam diri
Di luar khayal
sebuah candi

Kembang Tunjung
mekar sekali
Harum & ranum
suatu pagi?

4
Ada versi lain
kecuali pusat
Perbelanjaan
barang kerajinan

Ada arti lain
kecuali hakikat
Bangunan suci
yang diperdagangkan

Tempat samadi,
ritus kerajaan,
Kraton sejati,
ataukah makam?

Warisan ganti
ajang penghiburan
Padamlah api
korban pencucian

Ada tak terpaut
dalam timbangan
Kecuali perut
penghasil income.

Does there not remain
inside yourself
Beyond the illusion
a temple

Is the Lotus Flower
in full bloom
Fragrant & overripe
one morning?

4
There is another version
without the centres
For shopping
and handicrafts

There is another meaning
without the reality
Of the sacred building
commercialised

The place for meditation,
for rituals of a kingdom,
The real Kraton,[2]
or is it a mausoleum?

The legacy replaced
by arenas for entertainment
Extinguish the ritual
fires of sacrifice

There is nothing else involved
in the judgment
Except the stomach
and a good income.

2   *Kraton* (Javanese)—A palace, centre of court society.

5

Jamur & waktu
bagai benalu
Tumbuh subur
menggerogoti batu

Kepalamu
hatimu
Sikapmu
pandanganmu

Yang kaku
terlepa semen
beton bertulang
Tidakkah kau tahu?

Coba tunjukkan
pohon bujursangkar
Daun trapesium
bunga limasan

Kecuali bundar
lonjong panjang
Luwes & lentur
warna bergantian

Benjolan-benjolan
kepribadian

5

Moss & time
like parasites
Grow well
gnawing the stone

Your head
your heart
Your attitude
your views

Are stiff
plastered with mortar
reinforced concrete[3]
Didn't you know?

Please show me
a square tree
A trapezoid leaf
a pyramid flower

Apart from roundness
oval and long
Smooth & curved
changing colour

A diverse
identity

3   *beton bertulang*—This refers to the modern engineering use of
    reinforced concrete to replace deteriorated fitted cornerstones.
    The sections so restored are now inflexible.

SYDNEY

Kuinjakkan kaki
Pertama kali
Di benua Selatan
Kenapa heran?

Di kota Sydney
Pagi dan sore
Orang mengayun
Kaki bersantai

Kecuali tamu
Tinggal landas
Ah, siapa kamu
Yang bergegas?

Ketepatan waktu
Janji setia
Warga baru
Benua lama

Kalaupun diam
Mencari suara
Bising kehidupan
Di luar kota

Di jembatan beton
Teluk Sydney
Di sambungan kota
Baru dan lama

SYDNEY

I set foot
For the first time
On the Southern continent
Why surprise?

In Sydney town
Morning and afternoon
People stroll
At their leisure

Except the tourists
Taking off
Ah, who are you
In a hurry?

Punctuality
Appointments
A newcomer
In an old continent

If it is quiet
Look for noise
The bustle of life
Outside the city

On the bridge
Sydney harbour
The city crossroad
The new and the old

Ada rumah-rumah
Mendaki tebing
Ada riak-riak
Biru air bening

Dan Ferry-Ferry
Silih berganti
Para penumpang
Nyebrang dan kembali

Laju di perairan
Keliling bergalau
Hei! Ada rumah kerang
Raksasa putih kemilau!

Nun di tengah
Kokoh berdiri
Bekas benteng
Penjara yang sunyi

Kulepas pandang
Ke padang luas
Pintu gerbang
Benua Bebas?

Gedung-gedung
Di downtown
Bagaikan rayap
Berumah susun

There are houses
On the hills
There are ripples
In the clear blue water

And ferries
To and fro
The passengers
Going and coming

Water traffic
Going round in confusion
Hey! There's a shell house
A white shining giant!

Yonder in the centre
Standing stolidly
The stone bastion
A quiet gaol

I gaze at
Open fields
The gate to the
Free continent?

Buildings
In downtown
Like termite nests
Highrise

Pada skala
Setitik embun
Satu: berapa
Kau pun maklum?

Ah, pohonan saja
Pembatas mata
Ada sayup-sayup
Terdengar gema:

'*Orang buangan*
Dilanda angin
Kaum gelandangan
Bangsa Aborigini!?'

On the scale
One drop of dew
Equals:[1] how many
Do you know?

Ah, only trees
As far as one can see
Vaguely you can
Hear echoes:

'Convicts
Driven by wind
Vagrants
Aboriginal people!?'

1 *Satu*—'One to . . .' An unfinished equation.

$\mathcal{E}$MHA
$\mathcal{A}$INUN $\mathcal{N}$ADJIB

BORN 1953

Selected list of publications:
'M' *Frustrasi* 1976
Sajak-Sajak Sepanjang Jalan 1978
Nyanyian Gelandangan 1982
99 Untuk Tuhan 1983
Suluk Pesisiran 1989
Syair Lautan Jilbab 1989
Cahaya Maha Cahaya 1991

Emha Ainun Nadjib is a poet, essayist and dramatist, and a performer who can command an audience. Emha comes from Jombang, East Java. After commencing studies in economics at Gadjah Mada University, Emha left to pursue his own interests. He found direction through self-education and involvement as an Islamic religious and community leader. He has also been a columnist for *Tempo*, *Kompas* and various newspapers.

Emha's literary writing is prolific (he sometimes uses a pen name, 'Kusuma Teja', and his own name may appear in different ways).

Emha is outspoken and politically aware—a social reformer. Poetry is but one aspect of this writer's public, creative and religious commitments, and for Emha poetry can also be deeply personal. He exploits religious themes to emphasise his belief that there are universal values inherent in the Indonesian identity: 'Kau Pandang Aku' and 'Berperan di Bumi' show this technique.

The other poems selected reflect Emha's use of aspects of the suluk, discussed above in the work of Kuntowijoyo. Emha's mystical questions about the relationship of the self with God rouse moods of anger, submission and even rebellion, as in 'Satu Kekasihku'.

KUBAKAR CINTAKU

Kubakar cintaku
Dalam hening nafasMu
Perlahan lagu menyayat
nasibku yang penat

Kubakar cintaku
Dalam sampai sunyiMu
Agar lindap, agar tatap
dari hujung merapat

Rinduku terbang
Menembus penyap bayang
Rinduku burung malam
Menangkup cahaya: rahasia bintang-bintang

Kucabik mega, kucabik suara-suara
Betapa berat Kau di sukma
Agar Hati, agar sauh di pantai
Sampai juga di getar Ini

I Burn My Love

I burn my love
Into quiet of Your breath
Slowly the song touches
my weary fate

I burn my love
Into the depth of Your stillness
So that it is hazy, watchful
from the end approaching

My longing flies
Stabs vanishing shadows
My longing is a bird of night
Catching the light: the secret of the stars

I rend clouds, I rend voices
How heavy You are in the soul
So that the Heart, so that the anchor at the shore
Reaches also this pulse

Tidak Bisa Kaubiarkan Matahari

Tidak bisa kaubiarkan matahari
Menyerap daun-daun
Dan pohonan sampai ngungun
(Di tanggamu seorang bergegas turun)

Tidak bisa kaubiarkan matahari
Menyengat genting-genting. Lalu pijar dari dalam bumi
Dan memecah bukit-bukit ini. Tidak bisa dibiarkan
Dan kau lupa yang menerbitkan apinya

Tidak bisa kaubiarkan matahari
Menenggelamkan diri
Di ubunmu. Merasuk ke segenap nadi
Dan merebut Kasihmu.

You Cannot Let the Sun

You cannot let the sun
Absorb the leaves
And set the trees sobbing
(Someone hurries down your stairs)

You cannot let the sun
Sting the tiles. A glow passes from inside the earth
And shatters these hills. You cannot let it happen
And you forget what lights the fire

You cannot let the sun
Submerge itself
In the crown[1] of your head. Saturate all the arteries
And seize Your love.

1   *ubun* — The softest part of the skull (fontanelle): in Javanese
    beliefs this is considered to be the most sacred and vulnerable part
    of the body.

Akan ke Manakah Angin

akan ke manakah angin melayang
tatkala turun senja yang muram
kepada siapa lagu kuangankan
kelam dalam kabut, rindu tertahan

datanglah Engkau, berbaring di sisiku
turun dan berbisik dekat di batinku
belenggulah s'luruh tubuh dan sukmaku
ku ingin menjerit dalam pelukanmu

sampai di manakah berarak awan
bagi siapa mata kupejamkan
pecah bulan dalam ombak lautan
dahan-dahan: di hati bergetaran

Where is the Wind Going

where will the wind float
when the sad twilight comes down
to whom do I dedicate the song
in the darkness of fog, longing is endured

please come Lord, lie at my side
come down and whisper near my heart
shackle my whole body and my soul
I want to scream in your embrace

where will the stream of cloud go
for whom do I close the eyes
pieces of the moon in waves of a sea
of twigs: in the heart trembling

Satu Kekasihku

mati hidup satu kekasihku

takkan kubikin ia cemburu

kurahasiakan dari anak istri

kulindungi dari politik dan kiai

ONE MY BELOVED

death life one my beloved

never will I make him jealous

hide him from child and wife

shield him from politics and kiai[1]

1 *kiai*—Islamic scholar and religious leader.
   A symbol of cultural power or censorship.

Kau Pandang Aku

kau pandang aku batu
   kau gempur dengan peluru
  padahal aku angin
kau pandang aku badai
   kau tahankan baja dan mantra
  padahal aku gunung membisu
kau pandang aku raja
   kau tinggikan singgasana
  padahal aku pemabuk
kau pandang aku ngemis
   kau taburkan mutiara
  padahal aku bumi
kau pandang aku perampok
   kau picis kau picis
  padahal aku tak darah daging
kau pandang aku penderma agung
   kau jilati
  padahal aku papa dan tiada
kau pandang aku boneka
   kau sandangkan sutera
  padahal aku jiwa
kau pandang aku ruh perutusan
   kau ikut masuk hutan
  padahal aku gila
kau pandang aku penuh kasih
   kau damba kau damba
  padahal aku cuma pinjam
kau pandang aku pisau tajam
   kau meronta kau meronta
  padahal aku cinta

*Y*OU THINK I AM

you think I am stone
>you batter me with bullets
>yet I am wind

you think I am storm
>you resist with steel and mantra
>yet I am a dumb mountain

you think I am king
>you raise the throne
>yet I am a drunkard

you think me a beggar
>you scatter pearls
>yet I am the earth

you think me a robber
>you slice and slice at my life[1]
>yet I am not blood and flesh

you think I am a great benefactor
>you lick my boots
>yet I am poor and have nothing

you think me a puppet
>you drape me with silk
>yet I am a soul

you think me a messenger
>you follow into the forest
>yet I am mad

you think I am full of love
>you crave and crave
>yet I merely borrow

you think me a sharp knife
>you run and run away
>yet I am love

1 *kau picis kau picis*—This refers to an old custom of punishment for
theft by repeatedly slicing the flesh with a knife.

BERPERAN DI BUMI

Aku berperan di bumi
Berendam di kolam-kolam dunia
Sambil menatap cakrawala

Siapakah aku?
Jangan cari di kolam
Lacaklah ke cakrawala

Aku ruh tunggal
Namaku beragam
Petakku tigapuluh enam

Jumlah sejuta
Hanya bisa dihitung oleh angka satu
karena satu berjuta jumlahnya

Lihatlah lendir peradaban
Tulang belulang sejarah
Mulai kukuburkan

Aku belajar memenuhi ruang
Belajar mengatasinya
Merdeka darinya

Merdeka dari waktu
Aku tak menapak
Di titian hukum waktu

Kekal abadi
Sebelum dan sesudah
Tanpa sekarang dan nanti

Aku belajar tegak di sini
Tak kau awali tak kau akhiri
Usia ruh di atas langit dan bumi.

A ROLE ON EARTH

I have a role on earth
Soaked in the pools of the world
Examining the horizon

Who am I?
Don't search in the pool
Trace the route to the horizon

I am the only spirit
My name is multitude
My aspects are thirty-six

The total of one million
Can be counted by only one number
Because one is the total of a million

Look at the phlegm of civilisation
The skin and bone of history
I have begun to bury

I try to fulfil space
Try to overcome
The freedom of it

Freed from time
I leave no trace
In the narrow way of the laws of time

Eternal everlasting
Before and after
Without present and future

I learn to make a stand here
You have not begun it you have not ended it
Life of the spirit in heaven and earth.

ADHY RYADI

BORN 1960

Selected list of publications:
Hram (with I Ketut Suwidja, Nyoman
    Wirate, I Made Suantha) 1988

Adhy Ryadi is a journalist with *Bali Post* in Denpasar, where he edits the sports and arts columns. He comes from Singaraja.

Adhy is a member of the circle of Bali poets which includes Sunaryono Basuki KS. His work has been included in several local publications since his first collection appeared, together with three other Bali poets, in *Hram*.

In 1987 Adhy read his work in the Taman Ismail Marzuki, and he advocates greater public support for the arts. His work has appeared in English translation.

Adhy Ryadi's poem 'Upacara Pulang ke Asal' uses Balinese images to relate a contemporary celebration of Hindu religious mysticism, which forms a part of Indonesian heritage.

Upacara Pulang ke Asal

(Sebait janji di Pura Karang Boma Bukit)

Angin henti tiba-tiba
Deras hujan yang sunyi
Merangsang ombak
    melepas api

Bulan pulang ke asal mula
Sesayup rintih tembang sebait janji
Seberkas nyala api yang kembali

Dahan-dahan penuh pahatan di balik roh kehidupan
    Tanah dalam merekah
    Dari dalam rongga sebentuk
    tangan mengulur sebatang ilalang

Bernyalalah!

Udara dingin yang kekal
kufanakan kembali
—Kuambil dahan kuserahkan dahan jiwaku yang
kau berkati dengan seberkas nyala hati—

Angin henti
Udara pagi
Penari sujud ke bumi

THE RITUAL OF RETURN TO THE SOURCE

(A pledge at the shrine at Karang Boma Bukit)[1]

The wind stops suddenly
Swift lonely rain
Excites the waves
    releases fire

The moon goes back to the source
A blurred moan recites the pledge
A shaft of flame returns

Branches full of carvings are on the other side of the life force
    The inner earth cracks apart
    From the hollow space the form
    of a hand extends the ilalang[2]

Set it ablaze!

I cause the cold eternal air
to be of this world again
—I took the branch I surrendered the branch of my
soul which you have blessed with flames of love—

The wind stops
Morning air
The dancer honours the earth

---

1 *Karang Boma*—A Hindu temple which is a spiritual, philosophical, artistic and
   architectural centre, symbolising the 'source'. A ceremony is held every six
   months to ask blessings of the Creator and to maintain the creative process in
   the dancers, artists and the priest who performs the ritual.
2 *ilalang*—A tall grass. The grass symbolises holiness and purity. Three young
   strands are used to make the headband of the priest who leads the ceremony.

FURTHER READING : BACAAN TAMBAHAN

Ayatrohaedi *Pabila dan di Mana* Jakarta: Pustaka Jaya 1977

Eneste, Pamusuk *Leksikon Kesusastraan Indonesia Modern* Jakarta: Djambatan, Anggota IKAPI 1990

Heraty, Toeti *Mimpi dan Pretensi* Jakarta: Balai Pustaka 1982

Horison Jakarta

Ismail, Taufiq *Sadjak Ladang Jagung* Jakarta: Budaya Djaja 1973

—— *Tirani* Jakarta: BIRPEN K.A.M.I. Pusat 1966

Kratz, Ernst Ulrich *A Bibliography of Indonesian Literature in Journals: Drama, Prose, Poetry : Bibliografi Karya Sastra Indonesia dalam Majalah: Drama, Prosa, Puisi* Yogyakarta: Gadjah Mada University Press 1988

Nadjib, Emha Ainun *Cahaya Maha Cahaya* Jakarta: Pustaka Firdaus 1991

—— *Syair Lautan Jilbab* Jombang: Yayasan Al-Muhammady 1989

Rampan, Korrie Layun *Puisi Indonesia Hari Ini—Sebuah Kritik* Jakarta: Yayasan Arus 1985

—— *Puisi Indonesia Kini, Sebuah Perkenalan* Yogyakarta: Nur Cahaya 1980

Rosidi, Ajip, comp. *Laut Biru, Langit Biru* Jakarta: Pustaka Jaya 1977

—— *Puisi Indonesia Modern* Jakarta: Pustaka Jaya 1987

Ryadi, Adhy *see* Suwidja, I Ketut

Sapardi Djoko Damono *Mata Pisau* Jakarta: Balai Pustaka 1982

—— *Perahu Kertas* Jakarta: Balai Pustaka 1983

—— *Sihir Hujan* Kuala Lumpur: Dewan Bahasa Dan Pustaka 1984

Sastrowardoyo, Subagio *Simfoni Dua* Jakarta: Balai Pustaka 1990

Sunaryono Basuki KS, ed. *Kaki Langit* Singaraja: Listibya K.B. 1984

Suryadi AG, Linus *Di Balik Sejumlah Nama* Yogyakarta: Gadjah Mada University Press 1989

—— *Kembang Tunjung* Flores: Nusa Indah 1988

—— ed. *Tonggak* vols 1–4. Jakarta: P.T. Gramedia 1987

Suwidja, I Ketut and Nyoman Wirate, I Made Suantha, Adhy Ryadi *Hram: A Collection of Poems by Four Balinese Poets* Denpasar: Yayasan Jantera 1988

Teeuw, A. *Modern Indonesian Literature* vols I, II The Hague: Martinus Nijhoff 1979

BILINGUAL ANTHOLOGIES : ANTOLOGI DWI-BAHASA

Aveling, Harry, ed. and trans. *Contemporary Indonesian Poetry* St Lucia: University of Queensland Press 1975

Brissenden, R. F. and Sapardi Djoko Damono, eds *Mendorong Jack Kuntikunti: Sepilihan Sajak dari Australia* Jakarta: Yayasan Obor Indonesia 1991

Heraty, Toeti, ed. and John H. McGlynn, trans. *Seserpih Pinang Sepucuk Sirih: Bunga Rampai Puisi Wanita : A Taste of Betel and Lime: An Anthology of Poetry by Women* Jakarta: Pustaka Jaya 1979

McGlynn, John H. and E. U. Kratz, eds *Walking Westward in the Morning: Seven Contemporary Indonesian Poets* Jakarta: The Lontar Foundation 1990

Raffel, Burton, ed. and trans. *The Complete Poetry and Prose of Chairil Anwar* Albany, New York: State University of New York Press 1962

INDEKS BARIS PERTAMA

INDEX OF FIRST LINES

Indonesia, Java, Pekalongan. Kain sarong (Woman's skirt). Early 20th century. Cotton, dyes, batik. 104.5 x 203.0 cm. Collection: National Gallery of Australia, Canberra.